# LA TUNISIE D'AUJOURD'HUI

ET SA

## participation à l'Exposition Internationale de Liège

PAR

# VICTOR KREBS

publiciste, directeur du "*Petit Bruxellois*„, du "*Repos Dominical*„ et du "*Journal de la Droguerie*„

et

# EDGAR LOZE

Publiciste. - Ancien Elève de l'Ecole militaire de Belgique, rédacteur en chef du "*Petit Bruxellois*„

*Publié par les soins de l'Administration des Journaux périodiques*

## 117-119, rue de la Croix-de-Fer, BRUXELLES.

IMPRIMERIE A. VAN HOECKE. LIERRE.

# DÉDICACE

A S. A. Mohamed-el-Hadi
Bey et Possesseur actuel

DE

## LA TUNISIE

ET

## Son Exc. Mr Stephen Pichon

Résident Général de la République Française
Ministre des Affaires Etrangères du
Gouvernement Tunisien.

*Leurs dévoués serviteurs :*

**V. KREBS.**                    **E. LOZE,**
*publiciste.*                    *publiciste.*

# AVIS

*Dans un but de propagande nous adresserons gratuitement à tous les Industriels, Commerçants de la Belgique, ainsi qu'à nos dévoués lectrices et lecteurs qui nous en feront la demande, cette brochure que nous faisons tirer à 20,000 exemplaires. Cet opusculle est orné du beau portrait* de **S. A. Mohamed el Hadi, Bey et Possesseur actuel de la Tunisie,** *le Prince dont la Sage Politique et la Haute Sagesse ont fait de la Tunisie un pays de puissante valeur commerciale et digne en tous points d'établir avec la Belgique un mouvemant d'affaires toujours ascendant.*

*Nous devons à l'obligeance de M. Soler, photographe à Tunis. le cliché qui paraîtra dans cette brochure.*

V. KREBS.

E. LOZE.

*Dernier portrait de son Altesse*

# MOHAMED-EL-HADI

*Bey et Possesseur actuel de la Tunisie*

Photographie: **Soler. Tunis** — Cliché: **Barbé. Bruxelles**

# La Tunisie d'aujourd'hui et sa participation à l'Exposition Interna=tionale de Liège.

Peu de pays ont été, dans le passé, le théâtre de drames aussi multiples et aussi sanglants que la Tunisie. Les origines de son histoire se perdent dans la nuit des temps. Je ne vois par l'utilité d'insister sur la période prœpunique et punique jusqu'en 698, époque où jaillit la domination musulmane sur ce pays. Cette domination, jusqu'à l'année 1881 de l'occupation française, se subdivise en cinq périodes parfaitement distinctes; la période *arabe*, la periode *berbère*, la période *espagnole*, la période *turque* et la période *husseïnite*.

Ce fut le 4 avril 1881, à la suite d'incursions en armes sur le territoire français, que l'entrée des troupes françaises en Tunisie fut résolue. Le 24 du même mois les troupes françaises franchissaient la frontière, et, le 12 mai, le général Bréart faisait signer à Si Saddok le *Traité du Bardo*. Le Bey fut récompensé de son intelligence politique en cette circonstance en conservant jusqu'à sa mort, dans une paix profonde, le pouvoir souverain. Il expira le 27 octobre 1882, dans cette même villa de Kassar-Saïd où, dix-huit mois auparavant, il avait accepté l'intervention française.

Son frère Ali-Bey recueillit sa succession et signa, le 8 juin 1883, une convention supplémentaire au *Traité du Bardo*, relative aux pouvoirs du Gouvernement Français dans la Régence.

Son Altesse s'engageait par l'art 1er de cette convention à procéder aux réformes administratives judiciaires et financières que le Gouvernement Français jugerait utiles.

Depuis lors, grâce à la loyauté absolue du Bey, le Gouvernement du Protectorat a pu faire accepter, sans résistance, les belles réformes qui ont transformé en quelques années la face de la Tunisie.

Le Bey et Possesseur actuel de la Tunisie est **S. A. Mohamed-el-Hadi**, né le 24 juin 1855, qui monta sur le trône le 11 mai 1902. L'héritier présomptif du trône est S. A. Mohamed en Nacer-Bey. Son premier Ministre est Mohamed el Aziz bou Attour ; le Ministre de la Plume : Mahomed Djellouli ; le Garde des Sceaux : Mohamed ech Chedli. Le chef de Protocole et du bureau de la chancellerie du Nichan Iftikhar, Son Excellence le Général de division G. Valensi.

C'est M. S. Pichon qui remplit dans la Régence les fonctions de Résident Général de la République Française et de ministre des affaires étrangères du gouvernement tunisien.

Le Directeur de l'Agriculture et du Commerce est le sympathique Mr Hugon à qui nous devons la majeure partie des documents que nous publions en ce livre sur la participation de la Tunisie à l'Exposition Internationale de Liège.

Le Pavillon du Bey se compose de cinq bandes horizontales : bleu, rouge, vert, rouge, bleu ; le Pavillon tunisien : rouge avec un cercle blanc, et dans ce cercle un croissant rouge.

Parmi les Résidents généraux de la France à Tunis, depuis 1881, il faut citer Messieurs Roustan, P. Cambon, J. Massicault, Ch. Rouvier, René Millet, Benoit et enfin M. S. Pichon, qui tous rendirent de grands services pendant leur passage à la tête des affaires tunisiennes. M. R. Millet, qui passa six années en Tunisie, inaugura pendant sa résidence les lignes de Sousse et du Cap Bon, le port de Sfax, et salua l'entrée des escadres françaises dans le port de Bizerte. A son actif personnel il faut attribuer : la construction d'un Hôpital civil et d'un Palais de Justice à Tunis ; la création d'une troisième Chambre au Tribunal civil de Tunis ; d'une Chambre mixte dans le Sud ; celle d'une Caisse de retraites et celle d'un troisième Collège électoral pour la représentation des intérêts généraux à la Conférence ; la fondation d'une École coloniale agricole ; le dégrèvement des droits sur la culture maraichère ; sur les peaux et les laines ; l'amélioration du régime fiscal des huiles et des savons ; la réduction de la dîme sur les céréales et la fin du système onéreux des fermages ; la création d'une Direction du Commerce ; d'une Direction des Antiquités et des Arts, et d'une Direction de la Sûreté publique.

Un mot sur la situation géographique de la Tunisie.

La Tunisie est située vers le milieu de la région septentrionale de l'Afrique. Elle est bornée au nord et à l'est par la Méditerranée au sud par la Tripolitaine et à l'ouest par l'Algérie. Sa superficie est de 13 millions d'hectares.

*Population* : 1.600,000 habitants dont 50,000 Israélites. 25,000 Français (population civile), 48,000 Européens, 32,000 Italiens, 11,700 Anglo-Maltais, 3264 Grecs, Suisses, Autrichiens, Belges et autres ; 22580 protégés français.

*Produits d'importation* : Fers, fontes, vins, alcools, substances alimentaires, peaux, cuirs tannés, papiers, bougies stéariques, clouteries, armes, quincailleries, instrumenls agricoles, bois de construction, briques, verrerie, sucres, cafés, tissus de soie, laine de coton, draperie, produits pharmaceutiques, etc.

*Produits d'exportation* : Grains (blé, orge, avoine, etc. 21.000.000 frs. en 1898), produits végétaux et forestiers (alfa, écorces à tan, feuilles de lentisques, liège, bois de construction, tanins, racines et écorces médicinales (4.500.000 fr.) huiles et savons (3.000.000 frs.); éponges, poisson, minerais, vins et eaux-de-vie, animaux et produits d'animaux (animaux vivants, peaux, laines, cire et miel, os et cornes, crins et poils, œufs, beurre, etc.), fruits frais et dattes (dattes, oranges, citrons, amandes, etc.)

industrie indigène (tissus, sparterie, ouvrages en métaux, poteries, meubles, etc.).

Les exportations se sont élevées en 1898 à 44.200,000 frs.

Les principaux articles pouvant être importés en Belgique sont ; les céréales, huiles d'olive, vins, éponges, produits pharmaceutiques, minerai de zinc, peaux brutes, lièges, laines en masse, sparterie.

Les Belges peuvent exporter principalement en Tunisie : gruaux, peaux préparées, vêtements confectionnés, outils et ouvrages en métaux, bimbeloterie et tabletterie, tissus (bonnetterie, passementeries et rubans) de laine, machines, tissus de coton, fonte, fer, acier, métaux bruts et ouvrés, sucre, poteries, cristaux, soies et bourres de soie, matériaux de construction, papiers, bières, armes et munitions, etc., etc.

# Exposants du Pavillon de la Tunisie.

## Services officiels

### Classe 116

Direction des forêts de la Régence de Tunis, à Tunis.

Produits forestiers, bois de construction, lièges écorces à tan, etc.

**Direction des monopoles, à Tunis.**

Produits fabriqués par la Direction des Monopoles
de la Régence. — Tabacs, sels.

**Direction générale des travaux publics, à
Tunis.**

Produit du sous-sol : minerais. — Produits sous-
marins : éponges, etc. — Industrie de la pêche.

## CLASSE 117

**Direction de l'Agriculture et du Commerce,
à Tunis.**

Produits du sol, spécimens de l'industrie indigène,
graphiques, cartes économiques, documents de
colonisation.

**Direction des antiquités et arts, à Tunis.**

Objets et documents concernant l'art antique. —
Spécimens de l'art arabe.

**Direction générale des travaux publics, à
Tunis.**

Plans, tableaux et documents concernant les ports,
la navigation, la pêche et les grands travaux
publics de la Régence.

**Ecole coloniale d'Agriculture et Ferme-Ecole,
à Tunis.**

Collections de produits agricoles, spécimens du
travail des élèves et de la Ferme-Ecole.

**Institut Pasteur, à Tunis.**

Vues photographiques, documents statistiques.

**Office des Postes et Télégraphes.**

Carte du réseau postal et télégraphique, panneaux
photographiques, figurines d'affranchissement
graphique des opérations postales.

# Vins, Huiles, Céréales, Produits agricoles et divers, etc.

## CLASSE 116

**Artese-Saverio**, à Sousse.
Huiles d'olives.

**Aubry frères et Coanet**, à Ras-Tabia, près Tunis.
Vin rouge, vin blanc, vin rosé, vin muscet, eau-de-vie, mistelles.

**Barbara (Salvator)** à Sfax.
Huile, blé, orge.

**Bena et Cie et Union des propriétaires français de Sfax.**
Huiles d'olive.

**Bennett (P.W.)**, à Khanguet-et-Hadjadj.
Vins rouge et blanc.

**Bessis (Ch.)**, à Sfax, à Sousse.
Dattes, amandes sèches, alfa, produits manufacturés avec de l'alfa, huile d'olive, laine brute, poulpes, céréales, etc.

**Billy et Baudot**, à la Manouba.
Vins rouge et blanc.

**Borda (Jean)**, à Nabeul.
Vins rouges.

**Boulakia (S.-C.)**, 6, place du Consolat, Tunis.
Huiles d'olive, céréales.

**Boutboul (David)**, à Monastir.
Huiles d'olive, savons.

**Camillerie (Hictor)**, 15, rue d'Espagne, à Tunis.
Essences, parfums, extraits, eaux de toilette, lotions, etc.

**Carmelo Awocato et fils, à Sfax.**
Huiles d'olive, vins.

**Chambre mixte de commerce et d'agriculture du sud de la Tunisie, à Sfax.**
Huiles d'olive, céréales, éponges, dattes et amandes, alfa.

**Compagnie Belgo-Tunisienne, à Bizerte.**
Huiles d'olive. (Voir plus loin notre appréciation sur cette Compagnie à l'article : Huiles.)

**Crété (Maurice) et C$^{ie}$, à Créteville.**
Procédés d'enseignement agricole, viticole ; céréales, vins et eaux-de-vie.

**Ducroquet (Laurent-Félix), à Oudna.**
Une ruche d'observation. — Miel, cire, cin. — Hydrommel. — Céréales. — Photographies agricoles et apicoles.

**Epinat et Novak, à Mahdia.**
Huile d'olive, vin rouge, sel marin.

**Gandus (Elia), 7, rue de l'Agha, à Tunis.**
Huile d'olive.

**Ganem (Elie), à Sousse.**
Huile.

**Gatt (Henri) et Sons, à Sfax.**
Huile d'olive, orge.

**Genevay (Zacharie), à Tunis.**
Huiles d'olive, olives et câpres de conserve.

**Genillon (François), quartier Sans-Souci, Tunis.**
Miel.

**Gérard (Joseph), à Sfax.**
Huile d'olive.

**Gonnot (A.),** à Badrouna, près Soul-el-Khemis.

Laines, céréales, cocons de vers à soie.

**Gozlan (H.),** à Sfax.

Herboristerie, os de seiches.

**Graffini (A.),** à Sfax.

Eponges brutes et désoxydées.

**Guettah Aron,** à Sfax.

Eventail en palmier tressé ; médicament inventé, par l'exposant.

**Hicquet et C**ie**,** à Liège.

Vins provenant du Domaine de M. le colonel Toutée, à Zaiana (Tunisie).

**Homberger (Auguste),** à Ouel-el-Abib, Grombalia.

Vin et blé.

**Houdé (Gaston),** à Aïn-el-Asker.

Vins rouge et blanc, laine.

**Humbert, Guyot et C**ie**.** à Belli, par Grombalia.

Vins rouge et blanc. plan de chais, méthode de vinification, blé, orge, avoine.

**Krayenbuhl (Jules-François-Louis),** à Aïu-el-Asker.

Vin rouge.

**Licari (G. et E.),** 8. rue d'Espagne, à Tunis.

Vin rouge.

**Marchant (Djilani),** au Mornag.

Vin rouge, vin blanc, eau-de-vie de vin, eau-de-vie de marc.

**Medina (Gabriel de S.)** à Monastir.

Huiles d'olive.

**Montassier (Louis), à Mahdia.**
Huiles d'olive.

**Nataf (Victor), à Sfax.**
Filets et liens, huiles, sparterie, orge.

**Obert (Lucien), à Aïn-el-Asker.**
Vin rouge et blanc, eau-de-vie, miel, laine, fruits.

**Penet (Léon), au Mornag.**
Vin rouge et blanc,

**Prouvost (Edouard), à M'rira.**
Vins rouge et blanc, vin muscat, céréales. — Photographies et tableaux.

**Ridel Lagrenée (M$^{me}$ Marie-Léonie), domaine de Chaouat.**
Vin rouge, vin blanc, vin muscat, eau-de-vie de vin.

**Savignon (Henri), propriétaire, à Bir-Kassaa (Tunis).**
Vins rouge de Carignan, Mourvédre et vins blancs de Clairette.

**Société des domaines de protville, Protville (Tunisie).**
Céréales, vins, asperges, artichauts. — Plans de bâtiments agricoles.

**Société des olivettes du Maiana, à Tebourba.**
Huiles d'olive, olives de conserves. — Plans et photographies.

**Société oléicole de Sfax, à Sfax.**
Huiles d'olive.

**Sberro (Moïse de J.), à Sousse.**
Huiles d'olive.

**Teule (Jean), à Gabès.**
Crin végétal, cannes de palmiers.

Tournier (Jean-Joseph), administrateur du Temporel du diocèse de Carthage, à la Marsa.

Vins rouge, blanc, muscat, eau-de-vie (Clos de l'Archevêché).

Toutée (Georges-Joseph), à Zaiana, Grombalia.

Vins rouge, blanc et muscat. — Plans et tableaux de production du domaine.

Trimouillas (R.), à Sfax.

Céréales, amandes, modèles d'instruments indigènas.

---

## Exposants divers

### CLASSE 116

Bailleul (Eugène), à Bizerte.

Colonnettes, coupes, pilastres en onyx ouvré.

Compagnie des chemins de fer de Bône-Guelma et prolongements. 8, rue Lavoisier, Paris.

Maquette d'une affiche illustrée.

Compagnies de Phosphates de Gafsa, à Gafsa.

Echantillons des phosphates.

Novak (D.) et Epinat (Ch.), à Sfax.

Sel marin.

Société civile des alfas de fermentation, à Tunis.

Alfa brut et fermenté, pâte à papier blanche et écure, papier d'alfa.

Société des mines du Djebel-Ressas (Banlieue de Tunis).

Echantillons de minerais. —Photographies.

**Société des Salines de mer de Tunisie (Demange père et C^ie), à Sousse.**
Sel marin, plans et photographies de salines.

**Société franco africaine des pâtes d'alfa, à Sousse.**
Cullulose d'alfa pour la fabrication du papier et autres applications.

**Société franco-tunisienne, commerciale, industrielle et agricole, *11bis*, rue de Beaujolais, à Paris.**
Conserves de sardines à l'huile d'olive fabriquées à Tabarka.

**Tissier, à Nabeul.**
Poterie de Nabeul (fabrication indigène).

## Classe 117

**Compagnie des tramways de Tunis, à Tunis.**
Plans, photographies, statistiques.

## Classe 118

**Nizard frères, 17, rue Bab-el-Khadra, à Tunis.**
Pièces et accessoires de voitures en bronze et en nickel.

# Propagande Statistique.

## Classe 117

**Comité d'hivernage, à Tunis.**
Cartes, brochures et documents divers.

**Lordereau (Gabriel), *1*, place Saint-Clair, à Lyon.**
Tableaux graphiques donnant les résultats obtenus en Tunise de 1886 à ce jour.

# Quelques notes sur les Principaux Produits de la Tunisie.

—o—

Le joli Pavillon de la Tunisie à l'Exposition de Liège a été édifié d'après les plans de la Direction générale des travaux publics de Tunisie, sous la surveillance de M. Decron, l'éminent architecte de la section des colonies et pays du protectorat. Le pavillon de style arabe, dont le dôme et le minaret sont inspirés des mosquées de Tunis, renferme une vaste salle reproduisant la disposition typique d'une salle des palais mauresques.

Le but de la participation de la Tunisie est de créer un mouvement d'affaires entre la Régence et la Belgique.

Bien que les relations entre la Tunisie et la Belgique soient en voie de progression croissante, ces échanges n'atteignent encore actuellement qu'un chiffre annuel de 4 millions de francs.

Les indications qui suivent, présentées sous forme de commentaires des produits et objets exposés permettront aux Industriels et Négociants belges de juger de l'extension certaine des relations déjà existantes.

*Vins et eaux-de-vie.* — Les importateurs de vins en Belgique, et il sont nombreux, ne perdront pas de vue que, depuis le Protectorat Français, plus de 800 exploitations agricoles ont été créées. C'est en 1881 que furent plantés les deux premiers vignobles français de la Régence : l'un par le cardinal Lavigerie, à la Marsa, l'autre par M. Géry à Qued-Zarga. Au 1er Janvier 1885, les vignobles français couvraient déjà 440 hectares ; en 1891, ce chiffre était porté à 5.159 ; en 1899 il atteignait près de 9000 hectares. Pendant ce temps de vastes plantations d'oliviers étaient faites dans les environs de Sfax. Le vignoble tunisien couvre actuellement 15000 hectares et produit en moyenne annuellement de 150000 à 200000 hectolitres de vins sur lesquels 70000 à 80000 hectolitres sont exportés. Leur valeur commerciale varie en moyenne, suivant les années, de 13 à 25 francs l'hectolitre pour les vins rouges et de 18 à 30 francs pour les vins blancs, prix entendus quai Tunis.

Une branche de l'industrie vinicole dans laquelle la Tunisie, grâce à son climat, son sol et à la supériorité des produits qui en est la conséquence, occupe une place hors pair, est celle des vins de liqueur (vins muscats, vins doux et secs.)

La Belgique elle-même a su apprécier ces derniers, et en 1902 notamment, elle importait de Tunisie 156 hectolitres de vins de liqueurs en fûts, représentant une valeur d'environ 10.000 francs.

Les vins muscats valent de 60 à 100 fr. l'hectolitre, quai Tunis, et les vins de liqueur de 70 à 150 fr. l'hectolitre.

L'importance du vignoble tunisien et la qualité de ses cépages ont poussé bon nombre de propriétaires à utiliser les produits vinicoles par la distillation. Les cognacs et eaux-de-vie de marc, fabriqués par ces propriétaires, sont généralement appréciés pour leur absolue pureté, malgré leur prix relativement bas, et pour la qualité qu'ils possèdent de vieillir rapidement.

Les eaux-de-vie de vin se vendent sur la place de Tunis à raison de 60 francs l'hectolitre, et les eaux-de-vie de marc, 40 francs.

Les vignobles tunisiens appartiennent en presque totalité à des propriétaires français, et constituent la base principale de certaines grandes exploitations des environs de Tunis et de la vallée de la Medjerdah. On ne saurait se dispenser de citer des exploitations telles que celles de M. Potin, à Potinville (446 hectares de

vignes), Crété et Cie, au Mornag (250 hectares), Prouvost, à Mriro (190 hectares),
Toutée, à Fondouk-Djedid (121 hectares),
Savignon, à Bir-Kasse (148 hectares), Guig-
nard (91 hectares), l'Archevêché, à Carthage
(65 hectares), de Carnières, Pilter, Dumont
(belge) à Chassart Tefaha ( 88 hectares),
etc., dont plusieurs sont représentées dans
le Pavillon de la Tunisie.

La partie de la grande salle qui fait
face à la porte d'entrée et que surmonte
le portrait de **S. A. le Bey** régnant, réunit
en quelque types choisis, des documents
relatifs à l'archéologie et à l'histoire archi-
tecturale et artistique de la Tunisie. S'il est
resté peu de souvenirs matériels comtem-
porains de la Carthage punique, la civili-
sation romaine a, par contre, laissé de
nombreux témoignages de sa puissance.
Un service de l'Etat, la Direction des
Antiquités et des Arts, poursuit la recher-
che et l'inventaire de ces richesses pleines
de précieux enseignements pour la coloni-
saiton actuelle, et le Musée du Bardo
occupe dés maintenant une place de premier ordre parmi les établissements simi-
laires. Des moulages de statues et de bas-
reliefs antiques, des photographies de
l'amphithéâtre romain d'El-Djem, du théâtre
de Dougga, des temples de cette ville et

de Sbeitla, des aqueducs, des mausolées, des mosaïques des villas de Carthage et d'Oudna éveillent chez le visiteur l'idée de la prospérité qu'avaient atteinte l'ancienne Zeugitane et l'ancienne Byzacène et justifient les résultats qu'il est permis d'attendre de l'intelligence et des capitaux des colons.

*Eponges.* — La pêche des éponges en Tunisie donne lieu à un important commerce d'exportation dont le centre est Sfax. Elle a produit en 1903, 136.000 kilogrammes représentant une valeur de *1*.930.000 francs.

Le prix des éponges de Tunisie, lavées et séchées, varie suivant la provenance et le mode de pêche : au trident, à la gangave ou au scaphandre, celles pêchées par ce dernier mode étant les plus estimées. A Sfax, la qualité moyenne vaut de *12* à *20* francs le kilog. ; à Gabès, de 12 à 23 francs. Ce produit acquitte à sa sortie un droit de 10 franc par *100* kilog. pour les éponges lavées.

La Belgique importe de notables quantités d'éponges tunisiennes : *21*.000 kilog. en 1902, représentant une valeur de 250.000 francs et 16.000 kilog. en 1903, soit environ 200.000 francs.

*Os de seiches.* — La mer dépose sur

tout le littoral tunisien de grandes quantités d'os de seiches qui, à l'exportation, peuvent fournir annuellement un total de 40.000 kilog. Les prix, bord Sfax, os entiers logés en caisses, sont les suivants:

7 fr. le mille pour les os ayant de 7 à 10 c$^m$ de longueur
22 fr.       „       „    10 à 16 „       „
50 fr.       „       „    16 à 22 „       „
20 fr. les 100 kilog. de débris logés en fûts.

*Sel.* — L'industrie des salines qui, en tant qu'industrie privée, n'existait pas jusqu'à présent, a pris, dans ces derniers temps, un développement important et actuellement les salines concédées sont au nombre de huit : la Soukra et Soliman près de Tunis ; Ras Dimas Zouila (Sidi-ben-Ravada) près Mehdia ; El Melah près de Zarzis ; Kniss, Kerkennah prés de Sfax ; El Hani près de Kairouan. La moitié environ sont en exploitation ; elle ont exporté en 1903, 13.140 tonnes de sel valant en moyenne 5 fr. la tonne sous palan à Mehdia et 6 francs la tonne sous palan à Tunis.

Les pays du Nord de l'Europe peuvent devenir grands consommateurs de sel de Tunisie, ce produit constituant un fret de retour pour les navires qui ont porté dans la Régence les métaux, les tissus, etc., et généralement les objets manufacturés que ne produit pas l'industrie, encore peu développée, de la Régence.

Le sous-sol de la Régence est également riche en matières premières exportables : calcaires, marbres, minerais de zinc, de plomb et de cuivre, phosphates de chaux.

La derrière période quinquennale à été marquée en Tunisie par une activité considérable des industries extractives, activité qui s'est manifestée sous forme d'un accroissement notable dans les exportations de ces produits :

108.000 tonnes en 1899 ;

314.000 tonnes en 1902, et près de 400,000 tonnes en 1903.

Ces divers articles constituent d'ailleurs la majeure partie des achats, que la Belgique effectue en Tunisie.

Ainsi, sur un chiffre global de 2.295.613 francs, représentant la valeur des exportation de la Régence à destination de la Belgique en 1903, les minerais de zinc figurent pour      Fr. 1.603.700

Les phosphates pour     243.250

Et les minerais de plomb pour   137.600

Soit un total de     1.984.550

Une partie des gisements miniers de la Régence est d'ailleurs entre les mains d'industriels belges qui en poursuivent l'exploitation d'une façon régulière.

L'extraction des phosphates s'effectue à

Metlaoui près de Gafsa. La teneur de ces phosphates varie de 58 à 60°/₀ ; leur prix est d'environ 20 francs la tonne, pris en magasins ou sur wagons au port de Sfax. De nouveaux gisements entrent en exploitation à Kalaa Djerda, à Kalaat Essenan et à Aïn Moularés et apporterront un nouvel élément d'activité aux portes de Tunis et de Sousse.

Le cours des minerais de zinc ne dépasse pas en général 10 francs au quintal et celui des minerais de plomb 12 francs.

Les industries de transports sont aux mains des Compagnies de chemins de fer de Bône-Guelma et de Sfax à Gafsa ; cette dernière Compagnie exploite également un service de diligences automobiles entre Sousse et Sfax. Tunis et sa banlieue sont desservis par le réseau de la Compagnie de Tramways de Tunis, qui figure au nombre des exposants, et qui a racheté le réseau de l'ancienne Compagnie Belge qui, en 1889, installa la première ce mode de traction dans le chef-lieu de la Régence.

*Céréales.* — Les cultures céréalières constituent l'une des principales richesses de la Tunisie qui en 1903, a exporté :

    777.000 quintaux de blé ;
    843.000 quintaux d'orge ;
    243.000 quintaux d'avoine.

La Belgique, qui substitue les cultures industrielles aux cultures de froment, doit recourir à l'importation pour subvenir aux besoins de la meunerie. C'est ainsi qu'en 1902, les arrivages de blé à Anvers se chiffraient par 18.486.000 hectolitres. Le blé dur de Tunisie, si apprécié de la minoterie marseillaise, ne paraît pas avoir encore été essayé par la Belgique.

Les cours du blé sur le marché de Tunis varient actuellement de 19 à 22 francs le quintal.

L'orge produite en Tunisie possède des qualités spéciales qui la font rechercher dans l'industrie de la brasserie. L'orge dù Sud tunisien, très blanche, est appréciée jusqu'en Angleterre. La Belgique qui a besoin de quantités très importantes d'orge se chiffrant annuellement par 250.000 à 300.000 tonnes à l'importation, reçoit indirectement de l'orge tunisienne par le marché de Lille ; ses achats directs ont été peu importants jusqu'à present (5.000 quintaux en 1899, 3.000 quintaux en 1903).

L'orge vaut en moyenne à Tunis de 10 fr. 50 à 12 fr. 50 les 1oo kilog.

La Belgique importe également de notables quantités d'avoine : 2 millions et demi à 3 millions d'hectolitres. Cette céréale vaut à Tunis de 1o fr. 5o à 14 francs les 1oo kilog.

Le maïs a fourni en 1903 une valeur de 135.000 francs à l'exportation. Le sorgho et le millet, produit dans des proportions plus restreintes, sont principalement consommés sur place.

Les fèves prennent une place importante dans la culture tunisienne ; il en a été exporté en 1904 : 5o.ooo quintaux valant environ 6oo.ooo francs.

Le lin n'est cultivé que pour sa graine, et dans des terrains frais, peu nombreux en Tunisie.

La coriandre, le fenouil, le cumin, sont réputés.

*Miel et cire.* — La Tunisie produit annuellement une moyenne de 12o.ooo à 125.ooo kilog· d'un miel très parfumé, grâce aux plantes aromatiques dont le sol tunisien se couvre spontanément : thym, romarin, géranium, passerine, etc. La majeure partie est consommée sur place et les exportations de miel ne se chiffrent actuellement que par 2.5oo à 4.ooo kilog. L'agriculture, perfectionnée suivant les méthodes européennes, prend toutefois une extension qui permet d'espérer d'ici peu des envois beaucoup plus importants. Sur place, le miel brut en rayons, c'est-à-dire non purgé de sa cire, se vend en gros environ 85 francs le 1oo kilog., et le miel épuré 60 à 70 francs.

Au détail, le kilogramme de miel vaut de 1 fr. 25 à 1 fr. 5o ; miels de marque fins et granulés se vendent, en pots, jusqu'à 1 fr. 25 le demi-kilogramme.

Des essais effectués au Laboratoire de chimie agricole et industrielle de la Régence ont montré que les cires tunisiennes ont une composition qui diffère sensiblement de celle des cires recueillies en Europe.

Leur densité varie entre 0,965 et 0,9705; la moyenne du point de fusion est comprise entre 61e et 64e : leur acidité libre (acide cérotique) varie entre 17,4 et 20,5 et les acides combinés (myricine) entre 69,7 et 81,2 suivant les lieux de production.

En général, les cires provenant du sud tunisien sont plus blanches que celles du nord. Le prix de vente moyen de ce produit est d'environ 3 fr. 50 le kilogramme à Tunis.

La Tunisie en exporte annuellement de 70.000 à 80.000 kilog., dont 11.000 kilog. en moyenne à destination de la Belgique.

*Huiles.* — Depuis la plus haute antiquité, la Tunisie a été par excellence un pays producteur d'huile d'olive. L'intervention de la colonisation européenne, l'extension prise par la forêt d'oliviers, principalement dans la région de Sfax ont eu pour conséquence un rapide développement de l'industrie oléicole en Tunisie.

De nombreuses installations à l'européene, avec tous les perfectionnements modernes, utilisent les olives récoltées et livrent à la consommation une huile de première qualité.

L'irrégularité des récoltes d'olives, conséquence de la climatologie du pays, fait varier dans de notables proportions le chiflre des exportations d'huiles. La production annuelle peut être évaluée en moyenne à 30 ou 38 millons de litres, soit de 27 à 35 millions de kilogrammes. L'exportation s'élève en moyenne à 10 millions de kilogrammes.

Le cours des huiles alimentaires varie à Tunis de 85 à 95 francs les 100 kilog. et atteint même parfois 110 francs. Il faut ajouter en outre à ces prix un droit de sortie de 6 francs par 100 kilog.

La législation tunisienne punit de peines sévères les falsifications concernant les huiles d'olives ; l'importation des graines oléagineuses susceptibles de fournir des moyens de falsification de l'huile d'olive est interdite dans la Régence, et les huiles de graines y sont frappées de droits de douane prohibitifs ; *les huiles d'olives de provenance tunisienne sont donc nécessai-*

*rement exemptes de tout mélange.* Cette garantie de pureté absolue mérite d'être tout particulièrement signalée au commerce.

Ce que beaucoup de Belges ignorent c'est que la plupart des huiles d'olive de Nice, de Salon, de la Provence en général, proviennent de Tunisie. Dès que les huiles de Tunisie ont pénétré en France, elles disparaissent, perdent leur nom et malheureusement leur pureté naturelle.

Mélangées avec des huiles de graines (arachides, sésame, coton) à raison d'1/4 d'huile d'olive pour 3/4 d'huile de graines, elles sont livrées à la consommation sous les noms d'huiles d'olive de Nice, Salon, etc., etc. La majorité des producteurs d'huiles en France allèguent que l'huile tunisienne a un goût de fruit accentué et que, si elle était vendue pure, elle ne serait pas acceptée par la clientèle franco-belge.

Il y a dix ans lorsqu'on fabriquait l'huile en Tunisie avec les moulins rudimentaires, cette explication pouvait avoir quelque fondement, il n'en est pas de même aujourd'hui.

Pour obtenir des huiles sans goût de fruits, il n'est d'ailleurs pas nécessaire de les mélanger à des huiles neutres. On y arrive en prenant les olives très mûres, quand elles sont tout à fait noires, l'huile qu'on extrait ainsi est douce, très fine sans goût très prononcé ; l'huile faite avec des olives violettes, à l'état de demi-maturité, a un léger goût de fruit ; les olives vertes recueillies au début de la campagne, donnent au contraire, un goût accentué. Ce mode de procéder est appliqué en Tunisie. En outre, pour éviter la rancidité, l'huile est filtrée aussitôt après la fabrication, conservée dans des récipients, appelés piles, dont la surface intérieure est recouverte de carreaux de faïence vernissés.

Ainsi, les mélanges effectués par le commerce n'ont pas pour but de masquer le prétendu goût de fruit, mais, par des coupages avec des huiles de graines dont le prix est de 5o o/o au-dessous du prix de l'huile d'olive, **d'effectuer un énorme bénéfice**, au détriment du consommateur.

**Ces Pratiques sont interdites en Tunisie. La loi tunisienne, afin que des spéculateurs trop adroits ne vinssent porter préjudice à la réputation des huiles locales, a mis des droits prohibitifs sur les graines oléagineuses et elle en interdit la culture.**

Les Belges, grands consommateurs d'huiles de Nice, Salon, et autres lieux, qui ont à cœur de s'intéresser à une entreprise coloniale de premier ordre et d'aider surtout au développement de la Tunisie voudront goûter les huiles de la Compagnie Belgo-Tunisienne à Bizerte, dont le siège social est 52, Boulevard du Régent, Bruxelles.

Les Huiles de la Compagnie Belgo-Tunisienne proviennent de son domaine d'Aousdjà situé entre Bizerte et Porto-Farina, dans la région de la Tunisie la plus fertile et la mieux protégée contre les vents desséchants (siroco).

Les différentes variétés des olives de ce domaine donnent une qualité d'huile absolument supérieure, pouvant rivaliser avec les meilleures huiles de Provence et d'Italie.

Ces huiles son douées et ont le mérite, à peu près unique en Tunisie, d'être « **Infigeables** »; aussi sont-elles grandement appréciées en France, à Nice notamment, en Belgique surtout où elles ont trouvé un marché courant.

La société possède deux huileries, l'une à Aousdjà, l'autre à El Alia. Celle-ci, la plus récemment construite en Tunisie (en 1903,) pour y travailler 25,ooo kilos d'olives par jour est outillée avec les derniers perfectionnements ; ses appareils de filtrage garantissent la pureté absolue de l'huile.

*Les Huiles d'Aousdjà sont reconnues « INFIGEABLES ».*

La Société garantit la pureté de ses huiles.

Les expéditions se font de Bizerte, de Tunis ou d'Anvers.

En fûts de 5o à 5oo kilos.

En bonbonnes de 5 à 25 kilos.

En estagnons ronds ou carrés de 5 à 25 kil

En bouteilles de 1 litre ou de 1/2 litre.

Prix et conditions de vente :

*S'adresser au siège social* :

52, Boulevard du Régent, Bruxelles.

La fabrication de l'huile de graissage et de savon par l'utilisation des résidus a pris une certaine importance à Sousse et Sfax.

Le panneau du fond de ce côté est occupé par l'Ecole Coloniale d'Agriculture de Tunis, fondée en 1898, en vue de préparer des agriculteurs pour la Tunisie et les régions de climatérie identique. Placée auprès d'un jardin d'essais où sont sélectionnées les productions végétales appropriées au pays, d'une huilerie modèle et d'une ferme expérimentale de 50 hectares, l'école reçoit annuellement une trentaine de jeunes gens, principalement français, qui y accomplissent deux années d'étude ; des stages dans les exploitations agricoles sont réservés à leur sortie aux plus méritants. L'enseignement dont le programme figure à l'Exposition, allie la pratique à la théorie ; l'institution est actuellement en bonne voie de prospérité.

*Laines*. — L'importance du cheptel ovin tunisien permet à la Régence de livrer à l'exportation de notables quantités de laines expédiées, soit en suint, sont lavées.

En 1903 notamment, la Tunisie a expédié plus de 50.000 kilog. de laines en suint et 2o.ooo kilog. environ de laines lavées, malgré l'utilisation locale d'une quantité considérable de ce produit par l'industrie indigène des vêtements, des couvertures et des tapis.

Les laines indigènes se vendent en moyenne de 0 fr. 55 à 0 fr. 75 fr le kilog. en suint, et celles des colons de o fr. 75 à o fr. 90, celle-ci étant en général mieux soignées.

*Peaux*. — Le commerce des peaux, très important en Tunisie livre annuellement à l'exportatioι., pour plus d'un million et demi de francs de marchandises. La moitié environ se ces exportations est constituée par les peaux de moutons (52o.ooo kilog. exportés en 1903, représentant une valeur de 78o.ooo fr.)

Les peaux de chèvres (44o.ooo kilog.) et les peaux grandes (36o.ooo kilog,) constituent les surplus de ce envois.

Ce genre de commerce n'est pas fait en général par les éleveurs, mais par des intermédiaires réunissant les produit et se chargeant des expéditions.

Les peaux sèches de moutons se vendent en moyenne de 9o à 11o francs les 1oo kilog. ; la qualité varie suivant les années avec la plus ou moins grande abondance des pâturages. Les peaux d'agneaux atteignent, en outre toujours un prix supérieur qui est parfois de 23 fr. 5o ou 24 fr. 5o la douzaine (poids moyen : de 11 à 15 kg. le douzaine).

Les peaux de bœufs valant en moyenne de 1o5 à 15o francs les 100 kilog., quai Tunis.

Tous ces cours sont d'ailleurs très variables et subissent les influences du marché étranger.

Les poils de chèvre et de chameau employès dans la fabrication des tapis et tissus, sont exportés en France et en Belgique : 1o.ooo fr. dans ces deux pays en 1903.

(Le cheptel tunisien comprenait au début de 19o4 : 35.ooo chevaux, 15,ooo mulets, 9o.ooo ânes, 145.ooo chameaux, 173,ooo bovins, 1 million de moutons, 525,ooo chèvres et 15.ooo porcs. L'exportation des animaux vivants a dépassé en 19o3 une valeur de 5 millions de francs, principalement en moutons et bovidés destinés à la France, à l'Algérie, à l'Italie et à Malte).

*Alfas et Plantes textiles.* — Peu de

Belges connaissent la valeur industrielle
de cette graminée très-polifique en Tunisie
et qui constitue des peuplements étendus
dans le Centre et le Sud, Les chantiers
de Sfax, de la Skira, de Sened et Maknasy
sur la voie ferrée de Sfax à Gafsa sont
ceux qui font preuve actuellement de la
plus grande activité.

3oo.ooo à 35o.ooo quintaux d'alfa brut
sont annuellement exportés presque exclu-
sivemént à destination de l'Angleterre pour
l'industrie de la papeterie. L'alfa permet,
en effet, à l'Angleterre de livrer au commerce un papier ayant « beaucoup de
main », c'est-à-dire très souple et plus
épais pour le même poids que n'importe
quel papier. Sa teinte blanc-crème et son
reflet velouté le font apprécier pour les
éditions de luxe.

D'intéressantes tentatives sont faites actuellement en Tunisie pour travailler l'alfa
sur place et l'exporter sous forme de pâte
à papier. Des usines installées à Sousse
et à Tunis ont obtenu des résultats dont
les quelques spécimens exposés donneront
une idée.

Enfin, à l'alfa exporté à l'état brut, il y
a lieu d'ajouter, pour avoir une idée
exacte de l'importance de ce commerce,
les expéditions d'alfa ouvré, sous forme

de sparterie et corderie, soit 1o.ooo à 15,ooo quintaux.

L'industrie tunisienne tire également parti pour la sparterie et la vannerie de diverses plantes textiles et notamment du *palmier* et de l'*agave*.

La vannerie en feuilles de palmier, très répandue sur tout le territoire de la Régence, mais plus particulièrement dans le sud, utilise le cœur du palmier-dattier fondu en lanières et tressé pour former les objets les plus divers, d'un usage plutôt local, Avec la feuille du palmier nain, on fait un peu partout dans le Nord, mais surtout dans la presqu'île du cap Bon, des nattes ovales pour la prière, des couffins (paniers arabes), des cordes fines, de petits balais, des éventails, etc.

*Oliviers.* — Actuellement il existe en Tunisie plus de 15.ooo.ooo d'oliviers, répartis sur 2oo.ooo hectares ; les principaux centres de culture sont les régions de Bizerte, Tunis, Zaghouan, Cap-Bon, Sahel de Sousse, Sfax, pays des Matmata, Djerba et Zarzis.

Nous conseillons à nos compatriotes de demander à la Direction de l'Agriculture à Tunis, la remarquable brochure de M. Bourde, ancien directeur de l'Agriculture, qui leur sera adressée *gratuitement*.

*Tabacs.* — La culture du tabac n'est autorisée que dans certaines régions du nord de la Tunisie, et seulement dans les limites des besoins de l'administration des Monopoles; le Gouvernement Tunisien s'occupe d'étendu cette culture en autorisant l'exportation du tabac.

*Essences.* — L'industrie de la distillation des plantes à essences a pris, au cours de ces dernières années, une extension importante; elle comprend actuellement, en dehors de l'industrie indigène pratiquée d'une façon très rudimentaire, quatre usines européennes produisant surtout l'essence de géranium, l'eau de fleurs de romarin, de myrte, de thym, de lavande.

Des industriels français ont installé des succursales et des comptoirs de fabrication qui paraissent en voie de complète réussite.

La majeure partie de ces produits est néanmoins encore consommé dans le pays et l'exportation ne se chiffre guère que par 4.000 kilogrammes représentant une valeur de 1o.ooo francs environ.

Sfax récolte depuis quelque temps et exporte des coloquintes qui, décortiquées, rendant une moyenne de 20 % de graines valant 275 francs le quintal, bord Sfax.

Les plantes à essences viennent très-bien sous ce climat et si leur culture se borne jusqu'ici aux plantes susvisées, il n'est pas douteux que d'autres plantes à parfums ne puissent être cultivées avec succès.

*Cultures industrielles.* — Les indigènes cultivent le pavot à opium dans la région de Bizerte ; ils cultivent également le safran et un certain nombre de plantes tinctoriales : la garance, le carthame, le henné; cette dernière culture, assez importante, est susceptible de prendre une grande extension.

**Elevage.** — Les animaux domestiques de Belgique existent tous en Tunisie, il faut leur ajouter le dromadaire qui rend de grands services pour les transports dans l'intérieur.

*Le Cheval.* — Le cheval barbe présente des qualités d'endurance et de sobriété. La direction de l'Agriculture améliore la race au moyen de primes à l'élevage. Il existe des Sociétés de courses à Sfax, Tunis, Sousse et Le Kef.

*L'âne.* — Trés-utilisé pour les petits transports.

*Bœuf.* — Le Nord et le Centre élèvent des bœufs de la race de Guelma et une variété spéciale connue sous le nom de variété de Mateur, qui est un croisement de la variété de Guelma avec celle de Pantellaria.

*Mouton*. — La Direction de l'Agriculture favorise l'introduction en Tunisie des moutons algériens à queue fine et des mérinos de la Crau. Les croisements sont merveilleux.

*Chèvre*. — Les chèvres sont des croisements des races d'Europe avec celles de l'Asie à longs poils.

*Porcs*. — L'élevage du Porc ne peut présenter de sérieux avantages qu'à la condition que cette production fasse partie d'une exploitation agricole complète.

*Chameaux*. — Le chameau à une bosse est très-répandu en Tunisie, où il est employé non seulement aux transports, mais encore à tirer la charrue. à tourner les norias ou à manœuvrer les différents appareils pour puiser de l'eau.

Un chameau vaut d'ordinaire de 120 à 180 francs.

*Abeilles*. — Dans certaines régions les indigènes, avec des procédés primitifs, obtiennent du miel d'excellente qualité. Les colons européens s'adonnent de plus en plus à l'apiculture.

Les broussailles qui couvrent les collines de l'intérieur sont recouvertes d'une abondante végétation de romarins, lavandes, cistes, genêts, etc., qui permettent d'obtenir un miel parfumé.

*Cocons de vers à soie*. — Des essais de

sériciculture entrepris récemment en Tunisie ont été encouragés par l'Administration de l'Agriculture qui distribue gratuitement des graines de vers à soie aux éleveurs. Les résultats permettent de penser que l'élevage du ver à soie peut donner naissance en Tunisie à une industrie rémunératrice.

Des échantillons de liège et les documents du Service des Forêts indiquant la répartition des boisements dans la Régence ramènent à la porte d'entrée.

*Savons.* — La Tunisie produit une quantité assez importante de savons et l'exportation, très variable suivant les années, s'est élevée à plus de 9oo.ooo kilogram. en 19o2 et 3oo.ooo kilogrammes seulement en 19o3. La productiou de cet article est en effet, subordonnée à la plus ou moins grande abondance de la récolte d'olives et subit en général, au point de vue des cours, les mêmes fluctuations que l'huile d'olive.

Le prix eu savon d'usage courant, dit « de Marseille », est d'environ 40 au 42 francs les 1oo kilos sur place.

# APPEL AUX BELGES

La constitution de groupements de population européens est poursuivie sans relâche par le Gouvernement tunisien suivant un programme défini auquel les services publics consacrent annuellement des sommes importantes. La Belgique qui est fort honorablement représentée dans les entreprises industrielles en Tunisie, s'est tenue presque entièrement à l'écart du mouvement agricole dans ce pays, bien que *nos nationaux sont admis à prétendre aux conditions particulières que le Gouvernement fait á ses acquéreurs de langue française.*

Que nos compatriotes ne perdent pas de vue qu'un vaste champ reste ouvert à l'initiative des Belges qui, armés de courage et de constance, — deux qualités maîtresses en Belgique, — sont résolus à conquérir en Tunisie l'aisance et l'indépendance trop chichement mesurées dans notre petit pays. Que nos agriculteurs et fermiers, se rendant à Liège, ne perdent pas de vue le type exposé de colonisation rurale offert par le plan de la Mornaghia, domaine de 3500 hectares morcelé et alloti par le domaine de l'Ltat en 1901 et qui compte aujourd'hui 50 fermes françaises des plus prospères.

En dehors de ce vaste champ d'action, nous attirons l'attention de nos compatriotes sur l'école coloniale d'agriculture de Tunis. Cette école a pour but de donner à ses élèves les connaissances *théoriques* et *pratiques* nécessaires pour la culture raisonnée du sol en Tunisie. Elle les habitue à envisager la possibilité de s'établir même dans les colonies les plus éloignées. Elle s'adresse tout particulièrement aux jeunes gens qui possèdent des ressources pour s'établir pour leur propre compte, et se propose de leur éviter autant que possible les erreurs et les mécomptes qui attendaient naguère leurs devanciers.

L'école est installée à moins de deux kilomètres de la ville, sur la route de Tunis à l'Ariana, au milieu de divers établissements d'enseignements et de recherches agricoles : Jardin d'essais, Ferme, Station agronomique, Station météorologique, Huilerie d'essais, qui, d'une part, ont pour mission de fournir des données précises sur les conditions de l'agriculture dans l'Afrique du Nord, et, de l'autre, forment des champs d'expériences où les élèves de l'école acquièrent une pratique agricole raisonnée.

La Direction de l'Agriculture et du Commerce a surtout en vue de procurer aux jeunes gens, désireux de s'établir en Tunisie, les moyens de passer quelque temps dans une exploitation agricole où ils puissent se mettre au courant de la pratique agricole, s'initier à la langue et aux habitudes des indigènes et faire choix d'une propriété à leur convenance.

Un contrat permet à cette administration de placer dix stagiaires sur le domaine de Sidi-Tabet et cinq sur celui de l'Enfida, les stagiaires sont logés et nourris moyennant le payement d'une indemnité de 500 francs par an.

Beaucoup de notables propriétaires ont prêté largement leur concours à la Direction en acceptant de prendre des stagiaires sur leurs exploitations; tels sont : MM. Carrier de Béja, Dumont (notre compatriote), de Chassart-Tefaha.

Les demandes de stages pour les exploitations indiquées doivent être adressées à la Direction de l'Agriculture à Tunis, ou à M⁏ Crété, propriétaire, à Crétéville qui prend également des stagiaires.

La meilleure époque pour arriver en Tunisie est la période comprise entre la fin de Septembre et le commencement de Mai. A cette époque le climat est exceptionnellement agréable. Le nouvel arrivant peut parcourir la Tunisie, examiner et acheter sans hâte le terrain qu'il se propose d'exploiter ; s'il veut louer ses services, il trouvera plus facilement du travail au commencement de la campagne agricole qui s'ouvre en Octobre. Les laboureurs pourront aussi participer aux travaux des champs et les ouvriers qui ont un métier spécial s'embaucheront facilement.

Nous conseillons à nos compatriotes dès leur arrivée à Tunis, à s'adresser à la Direction de l'Agriculture, 22, rue d'Angleterre, où fonctionne un bureau spécial de renseignements.

Nous attirons leur attention sur les principaux vendeurs d'immeubles en Tunisie qui sont :

*1°* *l'Etat Tunisien*. La Direction de l'Agriculture et du commerce met en vente à l'amiable dans le Nord de la Tunisie des lots ruraux de 30 hectares et au-dessus dont le prix est fixé à titre d'experts ; dans le Sud des terrains de toutes contenances à raison de 10 francs l'hectare, à charge de complantation. S'y adresser.

*2°* La *Djemaïa* et la *Collège Sadiki*. Ces immeubles appelés habous ne peuvent être cédés qu'aux enchères publiques. Les plan et les croquis de ces immeubles sont tenus à la disposition des acheteurs dans les locaux de l'Administration des Habous, rue de l'Eglise.

*3°* *Diverses Sociétés*, propriétaires d'immeubles ruraux ou urbains (Société Foncière de Tunisie, Société Franco-Africaine, Banque de Tunisie, Société d'Hamman-Lif. Tunis, Compagnies des Ports de Tunis, Sousse, sfax et Bizerte) etc., etc..

Le *Journal Officiel Tunisien* la *Dépêche Tunissienne*, etc., annoncent les Ventes judiciaires.

*Un Conseil :* Ne vous adressez jamais à çertains courtiers qui pullulent en Tunisie, leurs indications doivent toujours être attentivement controleés. Adressez-vous à la Direction de l'Agriculture qui tient a la disposition des personnes qui en font la demande, sans d'ailleurs assumer aucune reponsabilité, une liste générale des propriétés particulières à vendre ou à louer. Puis ensuite adressez-vous à un avocat de Tunis ou de Sousse qui peuvent seuls vous fournir des renseignements sérieux.

Ce qu'il faut avant tout à la Tunisie, pays essentiellement agricole, *ce sont de véritables agriculteurs*, depuis le simple paysan jusqu'au gros propriétaire fermier ou éleveur. Pour s'installer en Tunisie il faut posséder un capital en rapport avec ses projets. La terre ne manque pas en Tunisie soit que le colon l'acquière des indigènes propriétaires, soit qu'il s'adresse aux sociétés financières ou aux vastes exploitations européennes, qui commencent à démembrer leurs domaines; soit que, petit agriculteur, désireux surtout d'éviter l'aléa de l'inconnu et de ne pas compromettre son pécule, il préfère acheter directement à l'Etat le lot sur lequel il vivra plus largement que dans la mère-patrie.

Les Belges ne doivent pas perdre

de vue qu'à trente heures de Marseille, sous un climat identique à celui de la Provence, l'occupation française, aidée **par la Grande Autorité de S. A. le Bey de Tunis**, a trouvé, peuplé d'à peine un million et demi d'habitants, un pays qui, sous la domination romaine, nourrissait une population quinze fois supérieure !

Victor Krebs.       Edgar Loze.

*Collection* **unique** *de vues et types de la Tunisie.*

# M. SOLER

**Photographe de son Altesse le Bey de Tunis**

Adresse a titre de réclame cent cartes postales de la Tunisie (Vues scènes et Types) contre la somme de quatre francs en mandat poste.

Le catalogue de ses éditions de photographies est adressé franco sur demande : Ecrire à M. F. SOLER, photographe, *10, Avenue de France*, Tunis.